Helpwr Huw

I gyd-fynd â Taith Iaith 3

Non ap Emlyn

Lluniau gan Mike Collins

Cyhoeddwyd gan **Y Ganolfan Astudiaethau Addysg**, Aberystwyth gyda chymorth ariannol Awdurdod Cymwysterau, Cwricwlwm ac Asesu Cymru.
Gwefan: www.caa.aber.ac.uk

ISBN: 1 84521 029 8
ISBN: 1 84521 030 1 (set)

Golygwyd gan Fflur Pughe a Non ap Emlyn
Dyluniwyd gan Richard Huw Pritchard

Diolch i Aled Loader, Luned Ainsley, Ann Lewis, Angharad Evans, Gwenan Nicholas a Dafydd Roberts am eu harweiniad gwerthfawr.

Argraffwyr: Gwasg Gomer

Dydd Llun

Wel, mae hi'n bryd i ni gael aelodau newydd ar gyngor yr ysgol. Rydyn ni'n chwilio am un person o bob blwyddyn...

Roedd hi'n fore Llun ac roedd yr athrawon a'r disgyblion yn y gwasanaeth. Roedd y pennaeth yn siarad am gyngor yr ysgol – roedd hi'n bryd dewis aelodau newydd.

Lisa, wyt ti eisiau bod ar y Cyngor?

Nac ydw, dydw i ddim yn meddwl. Does dim amser gyda fi.

Ar ôl y gwasanaeth, roedd y pedwar ffrind yn siarad am y Cyngor. Doedd Lisa ddim eisiau bod ar y Cyngor ...

Hoffwn i fod ar y Cyngor.

Ti?!?!

Pam?

... ond roedd Huw eisiau bod yn aelod o'r Cyngor. Cafodd Lisa, Beca ac Aled sioc.

Rhaid i ti gael syniadau da am sut i wella'r ysgol ...

... a rhaid i ti helpu disgyblion.

... a rhaid i ti fynd i'r Cyngor amser cinio – rwyt ti'n chwarae pêl-droed amser cinio.

Wel ... ie ... mmm ... ond hoffwn i fod ar y Cyngor.

Roedd Huw yn benderfynol o fod ar y Cyngor.

3

Gwrandewch. Os ydy Huw eisiau bod ar y Cyngor, rhaid i ni ei helpu e.

Oes?

Oes, rwyt ti'n iawn.

Roedd Huw yn ffrind da i Lisa, Beca ac Aled. Roedd rhaid iddyn nhw ei helpu e.

Edrychwch – posteri .... a bathodynnau.

'Hwre am Huw' ?!?!

'Mae Huw yn siwper cŵl' ?!?!

HWRE AM HUW!

'Huw – helpwr pawb'! Pryd wyt ti'n helpu pobl?

Y bore wedyn, daeth Huw i'r ysgol yn hapus. Roedd e'n cario posteri a bathodynnau.

'Huw ydy'r gorau' ??? Hy! Rydw i eisiau bod ar y Cyngor, Huw Jones, felly does dim gobaith gyda ti!

Pasiodd Darren nhw yn y coridor. Doedd e ddim yn hoffi posteri Huw – a doedd e ddim yn hoffi Huw. Roedd Darren eisiau bod ar y Cyngor hefyd.

Reit, dydw i ddim eisiau i Darren ennill. Rhaid i ni helpu Huw.

Roedd Lisa'n benderfynol nawr. Roedd rhaid i Huw ennill.

Dim gwisg ysgol – a dim gwaith cartref. Dyna fy syniadau i!

Dyna roeddwn i'n mynd i ddweud. Rhaid i fi feddwl am rywbeth arall.

Roedd rhaid i Darren a Huw ddweud wrth y disgyblion am eu syniadau nhw ar gyfer y Cyngor.

Reit, wel, diolch … Beth ydw i eisiau i'r Cyngor wneud? Wel … mmm …

Beth am wella amgylchedd yr ysgol?

Yn hollol, Lisa! Rydw i'n meddwl bod rhaid i ni wella amgylchedd yr ysgol.

Siaradodd Huw am wella amgylchedd yr ysgol … ac am syniadau eraill.

… a rhaid i ni gael ysgol iach … a rhaid i ni wrando ar ddisgyblion eraill … a rhaid i ni sortio'r bwlis … a …

Typical – mae e'n mynd dros ben llestri eto!

Roedd Huw wrth ei fodd nawr. Roedd llawer o syniadau da gyda fe.

Dydd Gwener

Does dim gobaith gyda ti, mêt! Arhosa di, rydw i'n mynd i ennill ac yna …

Does dim ofn arna i – mêt!

Y dydd Gwener wedyn, roedd hi'n bryd i'r disgyblion ddewis. Roedd Huw eisiau ennill, wrth gwrs, ond roedd Darren yn hyderus iawn.

Rhaid i ni wella amgylchedd yr ysgol ... rhaid i ni gael ysgol iach ... a rhaid i ni feddwl am bolisi 'dim bwlio' ... a rhaid i ni ...

Beth am wella amgylchedd yr ysgol i ddechrau?

Enillodd Huw yr etholiad a'r dydd Mercher wedyn aeth e i gyfarfod y Cyngor. Roedd llawer o syniadau gyda Huw nawr. Penderfynodd y Cyngor geisio gwella amgylchedd yr ysgol.

Rydyn ni'n mynd i gael biniau sbwriel newydd ar y buarth ac yn yr ystafelloedd.

Sbwriel - hy! Huw Jones ydy'r sbwriel yn yr ystafell yma.

Daeth Huw yn ôl i'r dosbarth. Dywedodd e wrth y dosbarth beth oedd yn mynd i ddigwydd.

Diolch i chi am eich sbwriel.

Dechreuodd Huw a'r Cyngor wella amgylchedd yr ysgol. Rhoion nhw finiau newydd ar y buarth – biniau arbennig achos roedden nhw'n gallu siarad.

Diolch i chi am eich sbwriel.

A diolch i chi hefyd.

Ond dechreuodd Darren a'i griw fod yn niwsans i Huw a'r Cyngor.

Rhoion nhw finiau newydd yn yr ystafelloedd dosbarth – un bin ar gyfer papur a thuniau ac un bin ar gyfer sbwriel.

Ond ar ddiwedd y dydd roedd sbwriel yn y ddau fin - sbwriel rhyfedd iawn!

Dechreuodd Huw a'r Cyngor blannu planhigion yn y border wrth y fynedfa.

Ond y bore wedyn, roedd y border yn edrych yn ofnadwy.

7

Rhoiodd rhai disgyblion arwyddion newydd o gwmpas yr ysgol.

O ych a fi!

Dim ond baw ci plastig ydy e. Dim problem.

Y bore wedyn, roedd baw ci wrth un o'r arwyddion.

O ych a fi! Nid plastig ydy e.

Huw, rhaid i ti fynd i olchi dy ddwylo ar unwaith.
Mae baw ci'n beryglus iawn!

Cododd Huw y baw ci … ond nid baw ci plastig oedd e. Ych a fi!

Mae hyn yn mynd rhy bell.
Dylai Huw ddweud!

Dylai.

Huw, rydw i'n hoffi dy syniad di. Mae Diwrnod Dim Car yn syniad da iawn.

Diolch.

Un diwrnod, penderfynodd y Cyngor gael Diwrnod Dim Car yn yr ysgol. Roedd rhaid i'r athrawon ddod i'r ysgol heb gar. Cerddodd rhai athrawon, wrth gwrs...

Maen nhw'n heini!

... rhedodd yr athrawon Ymarfer Corff i'r ysgol...

Wel, wel. Edi Wedi a Miss Davies, Ffrangeg ar dandem.

... a daeth Mr Edwards a Miss Davies i'r ysgol ar dandem.

Mae pawb yn edrych yn dwp – yn dwp iawn. Diwrnod Dim Car wir! Dewch, mae syniad gyda fi.

Doedd Darren a'i ffrindiau ddim yn hapus o gwbl!

Yn ystod y prynhawn, rhoion nhw hoelion ar y ffordd.

Am chwarter i bedwar, dechreuodd pawb fynd adre – heb gar. Ond doedd pobl ddim mor hapus nawr!

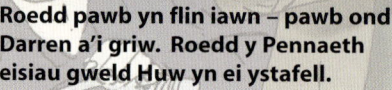

Roedd pawb yn flin iawn – pawb ond Darren a'i griw. Roedd y Pennaeth eisiau gweld Huw yn ei ystafell.

Doedd y Pennaeth ddim yn flin gyda Huw, ond roedd e'n flin iawn gyda rhywun arall!

10

Mae syniad gyda fi.

Rydw i wedi cael llond bol.

Y dydd Llun wedyn, ar wal y gegin, roedd graffiti.

Ond, Aled, bydd Darren yn peintio dros y paent yma eto.

Dydw i ddim yn meddwl.

Peintiodd Huw ac Aled dros y graffiti, ond doedd Huw ddim yn gweld pwynt gwneud hyn.

Paent coch tywyll – dim problem! Mae paent melyn llachar gyda fi – bydd e'n edrych yn grêt ar y coch.

Yn ystod yr egwyl, gwelodd Darren y wal goch. Penderfynodd e beintio dros y paent coch.

Beth ydyn ni'n mynd i ysgrifennu? Beth am, 'Mae Huw Jones yn fochyn brwnt'!

Dydw i ddim yn deall. Dydy'r paent melyn ddim yn dangos. Beth ydy'r paent yma?

Dechreuodd e beintio … ond doedd y paent melyn ddim yn dangos ar y coch.

O, na!! Mae'r paent yma'n wlyb. Bydd fy nwylo i'n goch nawr.

Mae e'n baent arbennig – dydy e ddim yn sychu.

Rhoiodd Darren ei law ar y paent. Roedd e'n wlyb … ac roedd ei law e'n wlyb.

Beth sy ar dy ddwylo di, Darren? Mae e'n edrych fel paent coch tywyll i fi – yr un lliw â wal y gegin.

Canodd y gloch. Aeth Darren a'i griw i'r wers, ond gwelodd yr athrawes law goch Darren.

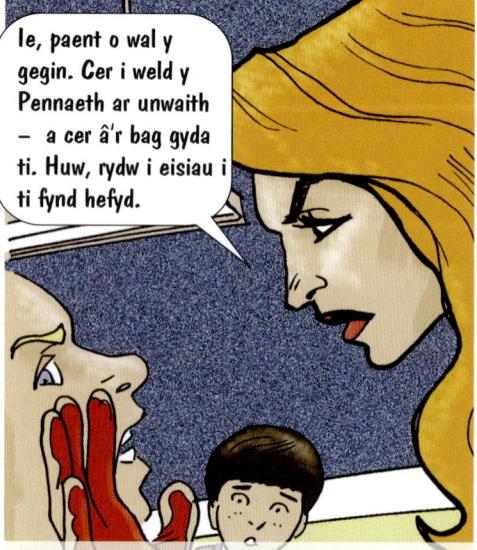

Ie, paent o wal y gegin. Cer i weld y Pennaeth ar unwaith – a cer â'r bag gyda ti. Huw, rydw i eisiau i ti fynd hefyd.

Edrychodd yr athrawes yn ofalus ar law Darren. Roedd hi'n gwybod o ble roedd y paent wedi dod. Anfonodd hi Darren a Huw i weld y Pennaeth.

Roedd Huw a Darren yn sefyll tu allan i ystafell y Pennaeth. Doedd Darren ddim yn hapus iawn.

Gofynnodd y Pennaeth i Darren am ei law, ond doedd Darren ddim yn gallu ateb.

Yna, sylwodd y pennaeth ar arogl ofnadwy – arogl fel baw ci.

Roedd yr arogl yn dod o fag Darren, ond doedd Darren ddim eisiau agor y bag.

Caws ych a fi ... bananas du ... llaeth wedi suro ... tiwna ... hen, hen diwna ... a rhywbeth arall mewn bag plastig – rhywbeth brown mewn bag plastig ... Wel, Darren?

Edrychodd y Pennaeth yn y bag. Roedd pob math o bethau ych a fi yn y bag!

A beth sy yn dy boced di?

Yna, sylwodd y Pennaeth ar boced Darren.

Hoelion – fel yr hoelion ar y ffordd ddoe. Darren, mae'r hoelion yma'n beryglus – roedd damweiniau peryglus ar y ffordd ddoe achos yr hoelion yma.

Yn y boced, roedd hoelion. Roedd y Pennaeth yn flin ofnadwy achos roedd yr hoelion yn beryglus.

Mae'r bwyd yma'n afiach ac yn beryglus hefyd. Mae'r peth brown yna yn y bag plastig yn afiach ac yn beryglus. Rydw i'n mynd i ffonio dy rieni di. Rydw i eisiau eu gweld nhw – heddiw! Huw, cer yn ôl i'r wers. Darren, eistedda tu allan i fy ystafell i!

Penderfynodd y Pennaeth ffonio rhieni Darren.

Y bore wedyn, roedd rhaid i Darren a Huw, fynd i weld y Pennaeth eto. Nawr, roedd Darren yn mynd i helpu Huw gyda gwaith y Cyngor.

Yn ystod yr egwyl, dechreuodd Huw a Darren ar y gwaith.

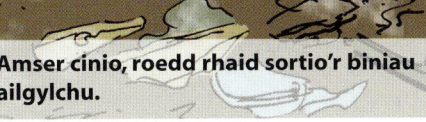

Amser cinio, roedd rhaid sortio'r biniau ailgylchu.

Yn ystod y prynhawn, aethon nhw i dacluso'r border.

15

Nawr, y baw ci!

Amser mynd adre, roedd rhaid i Darren lanhau'r baw ci ...

Reit, mae'r wal yma'n ofnadwy. Rhaid i ti beintio murlun neis iawn yma.

Ond dydw i ddim yn gallu peintio.

Rhaid i ti!

Y diwrnod wedyn, roedd un darn bach o waith ar ôl. Roedd angen gwella wal yr hen gampfa.

Mae'r llun yna ... mmm ... wel ... yn blentynnaidd, Darren! Ond dim ots. Rhaid i ti lofnodi'r llun.

Beth?!?

Llofnoda fe!

Peintiodd Darren lun syml iawn.

Dyna ni – Darren Smith ... Helpwr Huw. Gwych!

Yna, roedd rhaid i Darren lofnodi'r llun. Ysgrifennodd Huw o dan yr enw ... ac roedd Darren yn teimlo'n real ffŵl!